Christian Pönsch

Erziehungsbedürftig? - Der Säugling in antipädagogischer Ideologie und entwicklungspsychologischer Forschung

GRIN Verlag

Bibliografische Information der Deutschen Nationalbibliothek:

Die Deutsche Bibliothek verzeichnet diese Publikation in der Deutschen National-
bibliografie; detaillierte bibliografische Daten sind im Internet über http://dnb.d-
nb.de/ abrufbar.

Impressum:

Copyright © 2008 GRIN Verlag GmbH
Druck und Bindung: Books on Demand GmbH, Norderstedt Germany
ISBN: 978-3-640-11937-0

Dieses Buch bei GRIN:

http://www.grin.com/de/e-book/93813/erziehungsbeduerftig-der-saeugling-in-
antipaedagogischer-ideologie-und

LEUPHANA

UNIVERSITÄT LÜNEBURG

Universität Lüneburg

Fachbereich I: Erziehungswissenschaften

Institut für Pädagogik

Studienbegleitende Prüfungsleistung

Seminar „Varianten von Erziehungskritik"

Sozialpädagogik, Hauptdiplom

Wintersemester 2007/2008

Referatsausarbeitung

Erziehungsbedürftig?

Der Säugling in antipädagogischer Ideologie und entwicklungspsychologischer Forschung

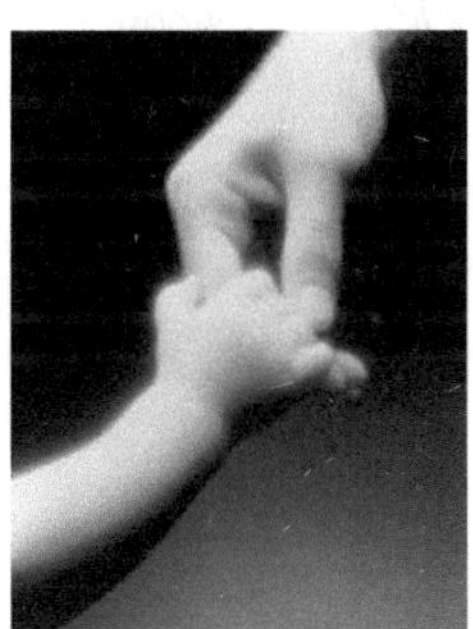

Autor

Christian Pönsch

Inhaltsverzeichnis

Einleitung

Vor gut 30 Jahren hatten Neugeborene „keine Großhirnrinde, verfügten nur über die simpelsten automatischen Reaktionen" und waren „praktisch nicht mehr als ansatzweise lebendiges Gemüse – Karotten, die schreien können" (Gopnik et al. 2000, S. 172). Die Rede ist natürlich vom anerkannten Säuglingsbild der damaligen Forschung. Zur gleichen Zeit schrieb EKKEHARD VON BRAUNMÜHL das Werk „Antipädagogik – Studien zur Abschaffung von Erziehung", in welchem der Säugling eine anthropologisch hergeleitete Fähigkeit zur Eigenständigkeit zugeschrieben bekam, die jegliche pädagogisch gewollte Einflussnahme überflüssig, ja schädlich werden ließ. 1993 veröffentlichte MARTIN DORNES sein Buch „Der kompetente Säugling", in dem dieser plötzlich aktiv mit erstaunlichen von Geburt an vorhandenen Wahrnehmungs- und Verarbeitungskompetenzen präsentiert wurde. In der vorliegenden Arbeit wird nun versucht, diese Erkenntnisse den Vorstellungen der Antipädagogen gegenüber zu stellen und darauf hin eine Antwort auf die Frage zu finden, ob Erziehung denn tatsächlich abschaffungswürdig ist – im Sinne der Überlegung, dass der Säugling am Besten für sich selbst verantwortlich zeichnet.

1   Die Antipädagogik – eine Erziehungskritik

1.1   Eine kurze Genese der Antipädagogik

Als das zentrale Werk der und gleichzeitig als Anstoß zur antipädagogischen Bewegung darf das einleitend erwähnte Buch des EKKEHARD VON BRAUNMÜHL gelten, welcher sich in der Begrifflichkeit ‚Antipädagogik' auf einen Aufsatz von KUPFFER mit dem Titel „Antipsychiatrie und Antipädagogik" (1974) berief. KLEMM bezeichnete es als „ebenso unverschämtes wie engagiertes, freches wie böses, dilettantisches, wüstes und unfaires Buch" (1992, S. 22) – eine Mischung, die ihre Wirkung nicht verfehlte: die Thesen, mit denen sich BRAUNMÜHL, unter konkurrierender Darstellung pädagogischer Textausschnitte und wissenschaftlicher Argumentationslinien der Tiefenpsychologie und Anthropologie (vgl. Braunmühl 1979, S. 10), gegen das

Erziehungssystem stellte, sind bis heute Anlass für (Grundsatz-)Diskussionen (vgl. Klemm 1992, S. 10), schon damals galt es als ernst zu nehmende Anfrage an das Selbstverständnis der Pädagogik (vgl. ebd., S. 21).

Beflügelt wurde die Proklamation des „Exodus der Erziehung" (ebd., S. 10) durch die weite Verbreitung der Publikation „Schwarze Pädagogik" (1977) von RUTSCHKY, in welcher Texte aus 200 Jahren pädagogischer Erziehungslehren zusammen gestellt sind, die ein brutales Bild gängiger Erziehungspraktiken entstehen lassen. Sich an RUTSCHKYS Zitatensammlung bedienend, beschreibt MILLER aus tiefenpsychologischer Perspektive in drei direkt aufeinander folgenden Büchern[1] die verheerenden Folgen pädagogischen Handelns für die Kinder und nachfolgende Generationen, zum Beispiel an Hand einer Charakterstudie zu Adolf Hitler (vgl. Miller 1980, S. 169-231)[2].

Für HUBERTUS VON SCHOENEBECK kamen die Thesen des VON BRAUNMÜHL einem Erweckungsruf gleich. Er promovierte mit einem zweijährigen Forschungsprojekt, in welchem er mit Kindern von 3-17 Jahren versuchte, eine antipädagogische Beziehung zu leben (vgl. Schoenebeck, 1983). Darauf hin gründete er den „Freundschaft mit Kindern – Förderkreis e.V.", einen Verein, der bis heute aktiv an der Verbreitung der antipädagogischen Idee arbeitet. Spätestens hier gilt es jedoch zu differenzieren, denn die antipädagogische Idee im Sinne eines fundierten theoretischen Konstruktes gibt es nicht. Zum Einen unterscheiden sich die Argumentationsgänge allein auf Grund der heterogenen Bezugstheorien zum Teil erheblich (Ruder 1989, S. 575), zum Anderen kamen mit der sich entwickelnden Auseinandersetzung differente Intentionen zum Vorschein. Gab es in den 70er Jahren noch gemeinsame Aktionen von SCHOENEBECK und BRAUNMÜHL wie die Zeugnisverbrennung 1980 (Klemm 1992, @), so entwickelten sie sich inhaltlich seit den 80er Jahren auseinander: Während BRAUNMÜHL nach dem Erscheinen von HINTES „Studie zur non-direktiven Pädagogik" (1980) sagt, er würde alle seine Bücher zurück kaufen und verbrennen, wenn die Mehrzahl der Pädagogen handeln würden, wie in dem Buch beschrieben (vgl. Klemm 1992, S. 18), und im Jahre 1986 selbst ein Buch mit dem Titel „Jenseits von Pädagogik und Antipädagogik" veröffentlicht, entwickelt

---

[1] „Das Drama des begabten Kindes", 1979; „Am Anfang war Erziehung", 1980; „Du sollst nicht merken", 1981
[2] Während ihrer Auseinandersetzung entfernt sie sich zunehmend von der Psychoanalyse nach Freud und sieht nicht die fantasierten Vorstellungen der Kinder als den Komplexen zu Grunde liegend an, sondern deren tatsächliche Erziehungserfahrungen (vgl. Ruder 1989, S. 580f). Endlich sieht sie jede psychische Störung als Ergebnis pädagogischer Einflussnahme (vgl. Klemm 1992, S. 18).

SCHOENEBECK mit ‚Amication‘[3] eine auf dem antipädagogischen Begriff aufbauende Beziehungs- und Kommunikationsform, welche in ihrer Organisation von BRAUNMÜHL folgendermaßen kommentiert wird: „Die Privatsekte ‚Freundschaft mit Kindern Förderkreis e.V.‘ hat mit Antipädagogik etwa so viel zu tun wie der Weltkonzern ‚Scientology-Church‘ mit Wissenschaft" (KinderInformationsDienst, 1996).

In der folgenden Darstellung wird versucht, die Auseinandersetzung auf die klassischen Forderungen der Antipädagogik zu beschränken.

1.2   Der kritisierte Erziehungsbegriff

In seinem 1978 erschienen ‚Lernbuch‘ „Zeit für Kinder" definiert BRAUNMÜHL den Begriff Erziehung und damit das antipädagogisch zu hinterfragende Erziehungssystem. Aus diesem schließt er zuerst Versorgungs- und Dienstleistungen, welche speziell den Kindern gelten, Verhaltensweisen des täglichen Umgangs, die sich prinzipiell nicht vom Umgang mit Erwachsenen unterscheiden, sowie Unterricht, Bildung und Ausbildung aus. Innerhalb der Begrifflichkeit teilt er die Beeinflussung der Kinder in funktionale Erziehung (analog zu funktionalem Lernen) auf der einen und intentionale Erziehung auf der anderen Seite. Bei Letzterer unterscheidet der Autor zwischen ergänzender (Antworten auf Fragen, Nachkommen kindlicher Aufforderungen, akute Einmischungen in Situationen, die ein Kind wahrscheinlich nicht allein bewältigen kann) und substantieller Erziehung (vgl. S. 84), welche die abzulehnenden Vorgänge bezeichnet. Diese Unterscheidung erachtet BRAUNMÜHL als wichtig, da sonst „der drastische Unterschied verschleiert [wird], der zwischen dem Baden eines Säuglings und dem Verprügeln eines Dreijährigen besteht" (ebd., S. 88). Kritisiert werden Handlungen, die auf dem Hintergrund der Annahme bestehen, das Kind sei ein Zögling, demnach nicht vollwertig, oder mit BRAUNMÜHLS Worten: lediglich eine „Vorstufe des richtigen Menschentums" (ebd., S. 28). Bei der substantiellen Erziehung geht es um die dauerhafte Formung des Charakters, der Einstellungen und Überzeugungen – für BRAUNMÜHL sind das Argumente, um zu belegen, dass der Erzieher mit dem jetzigen Zustand des Kindes unzufrieden ist (ebd., S. 86). Dies

---

[3] www.amication.de

impliziert wiederum, dass die Bezugsperson zum Einen eine Vorstellung von dem sich noch entwickelnden Kind in der Zukunft hat, und zum Anderen, dass er weiß, in welcher Weise er auf das Kind einwirken soll, um sein auf den Zögling bezogenes Planziel zu erreichen. An diesem Punkt greift der Begriff der ‚pädagogischen Ambition', welche SCHOENEBECK in einem Satz aus Erziehersicht so formuliert: „Ich weiß besser als du, was gut für dich ist" (1992, S. 112f). Als wesentliche Aussage der Antipädagogik hält er fest, dass diese Anspruchshaltung an das Kind die Grundlage für erzieherisches Handeln darstellt und abzulehnen ist. Endlich ist hier eine asymmetrische Beziehung impliziert, in der es immer um „gefügig machen, anpassen, unterdrücken und lenken" (Kern 1992, S. 123) geht. Erziehung ist ein „Herrschaftsinstrument" (ebd., S. 136) mit einem inhärenten „Gewaltverhältnis" (Giesecke, zit. nach Braunmühl 1975, S. 72).

Nach KUPFFER sind Entfremdung und Herrschaft keine pädagogische Kontingenz, sondern vielmehr kennzeichnend für den Erziehungsbegriff (vgl. Braunmühl 1992, S. 96). Historisch wird dies von MALLET hergeleitet, der darlegt, dass mit der Neuzeit die weltlichen Herrscher kamen, welche für ihre Machtausübung keine göttliche Legitimation besaßen und daher folgsame Untertanen in der Gesellschaft produzieren – sprich erziehen – mussten (vgl. 1992, S. 72). Es ging dabei um die „Anpassung der Menschen an die Bilder, die der jeweils Herrschende propagiert" hat (Kern 1992, S. 123). Je nach Gesellschaft und Zeitgeist ändert sich lediglich die Gewichtung der Erziehungsmittel, welche „von offener brutaler Gewaltausübung bis zu subtilen Formen der Manipulation" (Miller, zit. nach Ruder 1989, S. 584) reichten und reichen. Dabei ist es, wenn es darum geht, seinen Anspruch gegenüber dem Kind auf jeden Fall durch zu setzen, nebensächlich, ob die Eltern „es immer erst freundlich" versucht haben (vgl. Braunmühl 1978, S. 93). Auf der „Innenseite der Beziehung" (Schoenebeck 1985, S. 75) werden immer zwei Dinge vermittelt: 1. Das, was geschieht, geschieht zum Besten des Kindes (Objektivitätsanspruch, der vom erziehenden Subjekt nicht eingelöst werden kann), 2. „kommt es dem Kind zu, diese Sicht der Dinge psychisch zu übernehmen (Verbindlichkeitsanspruch)" (vgl. ebd.).

Zusammengefasst ist die nach BRAUNMÜHL enger gefasste Erziehung ihrem „Wesen nach intolerant, mißtrauisch, totalitär und auf Entselbstung zielend" (Braunmühl, zit. nach Schoenebeck 1985, S. 25). Der Autor bezeichnet daher die Pädagogik „als

Gebrauchsanweisung zur Kinderschändung ... und ebenso wie die Erziehungswissenschaften und –theorien als Veranstaltungen zur Förderung der seelischen Prostitution und Zuhälterei" (ders. 1978, S. 94)[4]. Das Grundprinzip der Erziehung liegt nach MILLER „in der Verfolgung alles Lebendigen, der Unterdrückung seiner Individualität" (zit. nach Ruder, 1989, S. 584) und „kann durch keinen Trick der Welt mit den Ideen von Toleranz, Respekt und Vertrauen in Übereinstimmung gebracht werden – von Demokratie nicht zu reden" (Braunmühl 1975, S. 80). In eben dieser Schlussfolgerung liegt die enge Verbindung der Antipädagogik zur Kinderrechtsbewegung begründet[5]. Die Würde des Kindes, so der Kanon, kann nur erhalten werden, wenn seine Erziehungsbedürftigkeit negiert wird.

1.3   Folgen von Erziehung

Das Ideal des pädagogischen Denkens „ist der Zögling, der selbständig tut, was andere wollen" (Braunmühl 1975, S. 13). Diese Aussage ist mitnichten problematisch, denn die Ziele der modernen Pädagogik wie Emanzipation, Freiheit und Autonomie lassen darauf schließen, dass sich die Unterstellung der Fremdbestimmung auflöst. Aus Sicht der Antipädagogik kann sie dies jedoch nicht, denn was man über die Erziehung sagt, ist nach BRAUNMÜHL das Eine (von KUPFFER ‚Fiktion' genannt), was wirklich geschieht, etwas ganz Anderes (vgl. Braunmühl 1975, S. 122).

Bezogen auf das Thema dieser Arbeit macht es Sinn, zunächst den frühesten Erziehungsmaßnahmen Aufmerksamkeit zu schenken. R. STERBA bemerkt, dass es in der ersten Zeit kaum ein anderes Mittel zur Erziehung gebe denn den Liebesentzug (das „böse sein"), worauf E. STERBA ergänzt, dass keine Angst psychisch heftiger und nachhaltiger wirke als die vor dem Liebesentzug (vgl. Braunmühl 1975, S. 121). Die Schlussfolgerung ist, dass es keine Erziehung ohne Angst geben kann (vgl. ebd.). Die anfängliche Realangst wird später transformiert in eine Schuldangst, die nach NEILL

---

[4] Auf die Kritik der Antipädagogik an der Erziehung als Wissenschaft kann hier aus Platzgründen nicht eingegangen werden.
[5] H. von Schoenebeck schrieb das erste deutsche Kindermanifest, siehe @ www.amication.de

das Selbstbewusstsein unterminiert, an Autoritäten bindet und unselbständig hält (vgl. Mallet 1992, S. 77).

In der Theorie BRAUNMÜHLS spaltet sich die Persönlichkeit des Kindes in zwei Teile, um den Ansprüchen der Erzieher gerecht zu werden (bzw. in deren Abhängigkeit überleben zu können): der eine Teil, ‚Marionettenteil' genannt, übernimmt die Anforderungen und Bewertungen des Erwachsenen und ist so in der Lage, die nötige Liebe zu empfangen. Der andere Teil symbolisiert die tiefere Gefühlsebene, in welchem aktiv am Selbstwertgefühl gearbeitet wird, welches durch den pädagogischen Einfluss ständig destruiert wird (vgl. 1978, S. 111). Dessen Botschaft, zum besseren Verständnis auch Appell zu nennen, ist nach BRAUNMÜHL nämlich immer negativ wertend. So sagt der Erzieher offen: ‚Du musst besser werden', die verborgene Botschaft lautet: ‚Du bist schlecht'. Auch ein Lob wird so verstanden: während der Marionettenteil sich freut, versteht die Gefühlsschicht: ‚Ich muss dich loben, wenn du mal etwas Gutes tust, damit du besser wirst'. Nach LAING wirkt diese Induktion schließlich viel stärker als die eigentliche inhaltliche Aufforderung (ebd., S. 112). Wehren sich die Kinder gegen die ihnen angetane Schizophrenie[6], so werden die pädagogischen Maßnahmen noch verstärkt, da der Unwillen der Kinder als Zeichen dafür gedeutet wird, dass noch nicht genug erzogen worden wäre. Schließlich erzeugt so die Pädagogik ihre eigene Notwendigkeit (vgl. Miller in: Ruder 1989, S. 578).

Durch die Form des Arbeitens an den oben erwähnten Zielen, denen BRAUNMÜHL inhaltlich zustimmt (1992, S. 92), werden Pädagogen zuweilen auch als „Kindermörder" (vgl. Kern 1992, S. 128) bezeichnet, im Sinne der Annahme, dass sie den Kindern die Persönlichkeit genommen haben, die sie sonst hätten sein können. Die Form bedingt es auch, dass sich die nachfolgende Generation unter Umständen genau nicht den Idealen anschließt, an denen sie ständig gemessen und bewertet wird, da sie sich nur gut fühlen darf, „wenn sie sich ihnen unter[wirft]" (Braunmühl 1975, S. 194). In der Semantik des Autors sind derlei Phänomene mit dem ‚pädagogischen Gegenteileffekt' bezeichnet (vgl. Schoenebeck 1985, S. 114).

Zusammenfassend sind die Folgen der Erziehung zumeist eine Erzeugung von Minderwertigkeitsgefühlen beim Kind, „so lange es Autoritäten nicht zufrieden stellt"

---

[6] im Wortsinn

(Braunmühl 1978, S. 22) sowie die Erkenntnis, dass „seinen Eltern die angestrebten Erziehungsziele wichtiger sind als sein Wohlbefinden" (ebd., S.21). Die so aufgezogenen Menschen zeichnen sich als Erwachsene durch Kompensationsstrategien wie „Leistungswut, Autoritätszugehörigkeit ... Intoleranz und Herrschsucht" (ebd., S. 22) aus. Diese die Gesellschaft prägenden Umgangsformen reproduzieren sich nach Ansicht der Antipädagogen durch das System der Erziehung als einseitiger Generationenvertrag fortwährend weiter. Um es mit MILLERS Worten zu sagen: „Wenn man ein Kind erzieht, lernt es erziehen" (Miller 1980, S. 119).

2   Der dominante Säugling – eine anthropologische Annahme

Wenn beide Parteien, sowohl die Pädagogen als auch ihre Antagonisten, sich den gleichen Werten verpflichtet fühlen, so muss die Antipädagogik erläutern, wie denn diese Werte in ihrem Menschen-Modell verankert werden bzw. sind.

Hier findet in der Erklärung zuerst ein Rückgriff auf natürliche Ursprünge des Menschen statt, wenn etwa LIEDLOFF schreibt, dass wir „lange vor dem Entwicklungsstand des Homo sapiens ... über hervorragend genaue Instinkte" in Bezug auf die „Kinderaufzucht" (1992, S. 138) verfügten[7], und Rutschky sich gegen die „Verwissenschaftlichung von Erziehung" ausspricht, da sie die „naturwüchsigen, traditionellen, selbstverständlichen und nicht geplanten Sozialisationsprozesse" (zit. nach Winkler 1983, S. 535) zerstört. Vom organisierten Prozess weg wird hier ein Automatismus in der transgenerationalen Auseinandersetzung gefordert, gestützt etwa durch Beobachtungen wie der des angeborenen Reinlichkeitsinstinktes, der es ermöglicht, einen Säugling ab dem ersten Monat (überwiegend) trocken zu halten, wenn auf die entsprechenden Signale des Kindes reagiert wird (nach Stirnimann, vgl. Braunmühl 1975, S. 133)[8].

Auf die antipädagogische Theorie bezogen ist vorher gehendes Beispiel ein Beleg für die ontologische „Spontanautonomie" (Winkler 1983, S. 536) des Kindes. Nach

---

[7] Ein „Klassiker" der antipädagogischen Argumentation ist das Buch „Auf der Suche nach dem Glück" von Liedloff, eine Studie über die (erziehungsfreien) Yequana-Indianer in Venezuela (dt. 1980)
[8] Bei Nichtbeachtung verlieren sich die Signale schnell.

SCHOENEBECK ergibt sich diese „aus der Fähigkeit des Menschen, das eigene Beste selbst von Geburt an spüren zu können" (1985, S. 94). Anders gesagt, weiß der Säugling, was ihm jeweils fehlt. Selbstbestimmt wird sein Handeln durch seine „Wahrnehmungs- und Kommunikationskompetenz" (Braumühl 1992, S. 98). Gekoppelt werden diese Fähigkeiten mit der „antipädagogischen Verantwortungssicht" , indem zum Beispiel dem Neugeborenen zugetraut wird, „das eigene erste Atmen der Luft selbst zu managen" (Schoenebeck 1985, S. 66), später liegt es in seiner Verantwortung, „die Mutter und den Vater so anzuregen, daß ihm bei Hunger die Flasche gebracht wird" (ebd.). Allein die mangelnde Ausführungskompetenz beschränkt hier den Autonomiebegriff, legitimiert aber kein erzieherisches Handeln – BRAUNMÜHL umschreibt den Zustand des abhängigen Säuglings mit dem Begriff des „Autonomieanspruchs" (1975, S. 156) und konstatiert als wichtigste Regel im Umgang mit dem Kind: „Die Seele Ihres Kindes, seine Gefühls- und Willenskundgebungen, seine Motive sind für Sie tabu, d.h. Sie haben sie nicht zu bewerten, nicht zu beurteilen, nicht zu loben oder zu tadeln …, denn es ist von Ihnen und Ihren Wertungen abhängig" (1978, S. 145f).

Die mangelhafte Erfassung, Prüfung und Beeinflussung der Umwelt des Säuglings ist nach ERIKSON kein Schwächezustand, „solange die Verletzlichkeit mit einer aktiven Anpassung an schützende Bedingungen einher geht" (ders. 1975, S. 163). Hinzu kommt, dass die „wesentlichen Erkenntnisse" nach BRAUNMÜHL nicht außerhalb der Person liegen, weshalb sie auch nicht übermittelt werden müssen, vielmehr „ruhen sie im Innern und müssen geweckt und stimuliert werden" (1992, S. 106).

Eine weitere antipädagogische Grundannahme ist die des Menschen als „sozial konstruktive[m] Wesen …, fähig, mit der ihn von Geburt an umgebenden Sozialität in sinnvollen Austausch zu treten" (Schoenebeck 1985, S. 144). MILLER vollzog ihren tiefenpsychologischen Schulenwechsel vor Allem mit der Vorstellung des Menschen als „tendenziell kulturfreundlich", womit sie sich gegen FREUDS Auffassung der Triebnatur stellte. Des Weiteren sieht sie die Entartung der Natur des Menschen nicht wie ROUSSEAU durch die Vergesellschaftung an sich begründet, sondern „durch die Spezifika der Erziehung in der Gesellschaft" (Ruder 1989, S. 583). BRAUNMÜHL zieht die Konsequenz, dass ein Ernst nehmen der sozialen Natur des Menschen bedeutet, ihn nicht zu sozialem Verhalten zu erziehen, vielmehr kann auch hier der

Autonomieanspruch „anerkannt werden und man kann mit Kindern auf solidarischer Basis zusammen arbeiten" (1975, S. 167).

Die tatsächliche Autonomie des Kindes ist ein „expandierender Prozeß", Grenzen werden nur durch „die Gefühle der engsten Bezugspersonen" (Rogers, zit. nach Schoenebeck 1985, S. 37) gesetzt. Innerhalb dieser Zeitspanne ist jedoch nicht der Erwachsene der über das Kind bestimmende Teil, vielmehr gilt es, „die Autorität des Säuglings [zu respektieren]" (Braunmühl 1978, S. 136). Er ist der dominante Part, dessen Erfüllungsgehilfe zum Beispiel die Mutter darstellt. Ihre Gehorsamkeit den Bedürfnissen des Kindes gegenüber hält Braunmühl auch für die „besser belegte Konstruktion" (1992, S. 97). Nur in ihr kann der Heranwachsende seine Anlagen nutzen – von denen er nach antipädagogischen Vorstellungen von Geburt an bereits viele lebenslang bedeutsame ausgebildet hat.

3 Der kompetente Säugling – eine entwicklungspsychologische Erkenntnis

Die Geschichte des Säuglings, so ist der Forschung in den letzten 25 Jahren bewusst geworden, ist eine voller Missverständnisse in Form falscher Theoreme. Bis zum Ende der 70er Jahre wurde von ihm überwiegend das Bild eines „passiven, undifferenzierten und seinen Trieben ausgelieferten Wesens gezeichnet, das in einem langen und dramatischen Kampf die Schrecken dieser Zeit der Hilflosigkeit und Abhängigkeit bewältigen muß" (Dornes 1993, S. 21). Vor Allem die Videotechnik diente jedoch der Verfeinerung PIAGETscher Pionierarbeit und erlaubte den Blick auch auf Verhaltensweisen, die sich im Millisekundenbereich bewegen (vgl. ebd., S. 38). Die Erkenntnisse der Neurowissenschaften zeigen ähnlich revolutionär erweiterte Vorstellungen vom ‚kleinen Menschen'.

Heute sind wir mit ihm als Kompetenzträger[9] konfrontiert, der weit mehr vermag als „Triebdruck, Angst oder Affektregulierungsstörungen" (ders. 2006, S. 121) ausgeliefert zu sein, und das von Geburt an. DORNES, der sich selbst als

---

[9] Vgl. hierzu den fast schon sprichwörtlichen „kompetenten Säugling", der als Namensgeber für Dornes' Buch von 1993 fungiert.

Psychoanalytiker versteht und dessen Arbeiten im Großen einen Abgleich zwischen psychoanalytischer Theorie und moderner Säuglingsforschung darstellen, beendet denn auch die Vorstellung einer anfänglichen Symbiose zwischen Mutter und Kind sowie „das Konzept einer normalen autistischen Phase" (ders. 1993, S. 57). Vielmehr ist das Selbst „von Anfang an ein fühlendes und wahrnehmendes, das sich als solches empfindet" (ebd., S. 101). Auch wenn es dem Neugeborenen anfänglich wie in einer „endlosen Zaubervorführung" (Gopnik et al. 2000, S. 95) ergeht, so herrscht doch nie „blühende, summende Verwirrung" (ebd., S. 176). „Von Geburt an läuft ein Programm auf uns", beschreiben GOPNIK ET AL. die menschliche Konstitution, mit dem wir „die Welt ... verstehen, das Wichtige auswählen und wissen, was wir zu erwarten haben" (ebd.). Das Rüstzeug erläutern sie wie folgt: „Schon in den ersten Lebensmonaten ... wissen [sie], wie man die Welt mit Hilfe von Rändern und Bewegungsmustern in separate Dinge unterteilt. Sie wissen etwas über die typischen Bewegungen dieser Dinge. Sie wissen, dass diese Dinge Teil eines dreidimensionalen Raums sind. Und sie kennen die Beziehungen zwischen den Informationen, die sie von ihren verschiedenen Sinnen erhalten" (ebd., S. 91).

Die Reizwahrnehmung wird hierbei als „aktiver und selektiver Prozess" (Dornes 1993, S. 40) beschrieben, wobei der „Reizhunger" so groß ist, dass sogar Fütterungs- und Trinkaktivitäten unterbrochen werden, „wenn ein attraktiver Reiz erscheint" (ebd.). Es wird zudem als „frühe Kompetenz der Kleinstkinder" beschrieben, dass sie in der Lage sind, „das Verhalten ihrer Mütter durch mannigfaltige Signale zu steuern"[10] (Rittelmeyer 2005, S. 61) und über diese Fähigkeiten auch gewollte sensorische Erfahrungen aktiv herbei führen (vgl. ebd. S. 69). Dornes erwähnt einen Befund, der des Weiteren zeigt, „daß der Säugling schon mit zwei Monaten ein Bedürfnis nach ‚Wirkmächtigkeit' hat" (1997, S. 261). Dem Kleinkind geht es schon in diesem Stadium um mehr als ein passives Genießen, es möchte seine Umwelt beeinflussen. GOPNIK ET AL. haben ihrem Buch den Titel „Forschergeist in Windeln" (2000) verliehen und resümieren die Aktivität von Babys dahin gehend, dass diese „bestimmen, welchen Ereignissen sie Aufmerksamkeit widmen, welche Probleme sie in Angriff nehmen, welche Experimente sie durchführen und sogar, welchen Worten sie

---

[10] zum Beispiel „durch Veränderungen ihrer Körperhaltung, durch Anspannung oder Lockerung ihrer Muskulatur, durch mimische und andere Mittel die richtige Armhaltung beim Tragen zu provozieren" (Rittelmeyer 2005, S. 62)

lauschen. Dann verändern Babys ihr Denken im Lichte dessen, was sie lernen" (S. 182).

Ein hilfreicher Einstieg in die Auseinandersetzung mit der Umwelt sind hierbei „bestimmte *Interaktionskompetenzen*" (Rittelmeyer 2005, S. 64), die einen Dialog mit den Bezugspersonen ermöglichen. Diese werden als Grundlagen der Bindungsfähigkeit beschrieben, welche „vielleicht sogar schon im Mutterleib geschaffen werden" (ebd., S. 79). Als Beleg für die „biologischen Wurzeln der Soziabilität" gilt nach DORNES die Fähigkeit zur Unterscheidung von „belebt und unbelebt" (Dornes 1993, S. 69). Neugeborene sehen Gesichter in der Weise, dass sie erkennen, „dass andere Leute ‚so sind wie ich'" (Gopnik et al. 2000, S. 48). Es wird die These vertreten, dass das Subjekt „in gewisser Hinsicht schon vor jedem sozialen Kontakt eine soziale Konstitution *hat*" (Dornes 2006, S. 78). Gestützt wird diese Annahme durch BUCHHOLZ (2004), der neben den „hochkomplexe[n] präverbale[n] und körperliche[n] *Dialoge[n]*", mit Hilfe derer Wege gesucht werden, „das Verhalten des Partners in angenehmer Weise zu beeinflussen" (Rittelmeyer 2005, S: 62), eine „zweckfreie Kommunikation" (vgl. Dornes 2006, S. 122) als wesentlichen Aspekt der frühkindlichen Interaktion ansieht. TREVARTHEN betrachtet in dieser Hinsicht den Säugling „wie einen Erwachsenen, der sich unterhalten will und Antworten auf seine Gesprächsinitiativen erwartet, ohne damit noch andere Ziele zu verfolgen" (vgl. ebd., S. 84). Über die Sprache wissen die Neugeborenen dabei mehr, „als wir jemals geglaubt hätten" (Gopnik et al., S. 132). Sie teilen diese „weit über die eigentlichen physikalischen Töne hinaus ... in abstraktere Kategorien ein" und können „alle Unterschiede treffen, die in sämtlichen Sprachen der Welt gemacht werden" (ebd.). Diese kulturelle Fertigkeit ist demnach längst nicht so eingeschränkt wie die eines Erwachsenen.

Weiterer kulturelle Aneignungsprozesse gründen nach BRÄTEN (2002) auf der „quasi-biologischen Bereitschaft und Fähigkeit" (vgl. Dornes 2006, S. 98), Erfahrungen nicht nur zu machen, sondern in Form einer „unmittelbaren gefühlshaften Teilhabe" (ebd.) mit zu erleben. Diese wird hier als Voraussetzung für (kulturelle) Lernprozesse, nicht als deren Ergebnis beschrieben. GOPNIK ET AL. erwähnen hierzu die Imitation als „angeborene[n] Mechanismus" bzw. „kuturelle[n] Instinkt" (2000, S. 199). Des Weiteren erfolgt die biologische Regulierung nach DORNES unter Anderem durch

„Affektinduktionsprozesse" in der Form, dass die Säuglinge „auf automatische Weise von Affektzuständen des Anderen" (2006, S. 189) angesteckt werden. Mit 3,5 Monaten können bestimmte Affektäußerungen[11] dann schon instrumentell eingesetzt werden, ein sechs Monate altes Kind übernimmt „individuelle Besonderheiten des mütterlichen Gesichtsausdrucks" (Dornes 1993, S. 115).

Mit DORNES lässt sich die Schlussfolgerung ziehen, dass der Säugling nicht in dem Sinne kompetent ist, „daß er autonom oder unabhängig vom anderen ist" (1997, S. 57), vielmehr verfügt er über erstaunliche Fähigkeiten, die er *auf der Basis einer funktionierenden Beziehung zu primären Bezugspersonen*" (ebd.) entfalten kann. Seine „wachsenden Autonomiebedürfnisse" (ebd., S. 263) werden vor Allem durch die sich erweiternden Möglichkeiten der Fortbewegung geweckt, entsprechen also einem Stufenmodell.

4   Homo educandus? – eine Betrachtung

Die Ansichten der Antipädagogik bezüglich der Kompetenzen des Säuglings entbehren nach Analyse des aktuellen Forschungsstandes auf Grund der erstaunlichen Deckungsgleichheit nicht einer gewissen Faszination. Im Folgenden soll abschließend der Frage nachgegangen werden, ob die ideologischen Schlussfolgerungen der Erziehungskritiker in dem Säuglingsbild ihre Rechtfertigung finden: Ist es möglich – um die von Braunmühl zitierten Umschreibungen für Erziehung zu nutzen –, die Menschen nicht „in ihren ‚Grundstrukturen' zu formen, ihnen Ziele der ‚Lebensgestaltung', den ‚Kurs fürs Leben' zu setzen, darüber zu bestimmen, was sie als ‚Lebenswert' betrachten" (zit. nach Schoenebeck 1985, S. 25), oder sind die Kompetenzen des Säuglings vielmehr Voraussetzung dafür, erzogen zu werden?

Die aktuelle Antwort der Neurowissenschaften bezogen auf den von Braunmühl destillierten Begriff der ‚substantiellen Erziehung' ist eindeutig interpretierbar. HÜTHER bezeichnet das Gehirn als „soziales Konstrukt" (2006, Seminar[12]). GOPNIK ET AL.

---

[11] zum Beispiel die Lautstärke des Schreiens
[12] Aufzeichnung auf DVD, siehe Quellenverzeichnis

schreiben, dass wir „das Gehirn der Babys [verändern]", allein wenn wir mit ihnen „spielen, uns gegenseitig anglucksen, Unsinn mit ihnen reden" (2000, S. 221). Die Struktur der anfangs im Überfluss[13] vorhandenen Nervenzellen im Gehirn wird durch Beziehungen geformt. Als Modus werden von den Autoren einflussgebende Umstände etwa in Form der Affektspiegelung beschrieben, bei der das Gesicht der Mutter „wie ein Bildschirm [ist], der dem Säugling zeigt, was er fühlt" (Dornes 2006, S. 174). Diese Interaktion entwickelt sich beim Einjährigen zu einem Rückversichern, bei dem das Verhalten in Explorationssituationen entsprechend des Ausdrucks (= des gezeigten Affektes) der Bezugsperson modifiziert wird (vgl. Gopnik et al., S. 51). Mit diesem, ‚social referencing' genannten, Prozess beeinflusst die Einstellung des Erwachsenen zum Objekt die des Kindes (vgl. Dornes 2006, S. 124). Ein weiterer, grundlegender Rückgriff auf die Erwachsenenwelt zum Verständnis der Umwelt findet durch die Imitation statt, welche von GOPNIK ET AL. als „Motor der Kultur" (2000, S. 198) bezeichnet wird. Der Nachwuchs ahmt hierbei jedoch nur Bezugspersonen nach, die für sie wichtig sind (vgl. Hüther 2006, Seminar). Darüber hinaus entwickelt er „internalisierte Arbeitsmodelle" (ebd., S. 68) darüber, wie Menschen in Beziehung stehen, indem sie diese beobachten. Dies bestimmt folgend, „wie Kinder neue Beobachtungen interpretieren" (ebd.). Derlei transgenerationale Prozesse haben bisweilen einen Einfluss auf die Gen-Expression, formen den Menschen demnach erheblich (vgl. Hüther 2006, Seminar).

Es ist jedoch keine Erfindung des Erziehungssystems, dass Kinder sich an den Älteren orientieren. Vielmehr „*ist* die Erziehung unsere Natur" (Gopnik et al. 2000, S. 24). Das „eigene Beste", welches die Kinder nach SCHOENEBECK von Natur aus selbst „spüren" (1985, S. 175) können, ist nichts Anderes, als eine lernbegierige Fragestellung an die Elterngeneration, ein Wille zur Aneignung von Kultur. Die Negation des Verbindlichkeitsanspruchs (ebd., S. 63) bezüglich der Einflussnahme der Bezugsperson auf das Kind verliert hier ihren Sinn, vielmehr stellt sich die (pädagogische) Frage nach dem, was auf welche Weise verbindlich gemacht wird. Erreichte Verbindlichkeiten sind hirnphysiologisch gesehen Lernerfolge, da sie eine gefestigte neuronale Struktur bedeuten (vgl. Hüther 2006, Seminar). Speziell für

---

[13] ein Drittel von ihnen wird vor dem dritten Lebensjahr zu Grunde gehen (Hüther 2006, Seminar)

Babys und Kleinkinder gibt es nach GOPNIK ET AL. „keine Trennung zwischen Versorgung und Unterweisung" (2000, S. 237).

Aus dieser Perspektive lässt sich auch die alleinige ‚für-mich-Verantwortung', wie sie von SCHOENEBECK formuliert wird (vgl. 1985, S. 68), nicht mehr halten. Der Idee des absolut selbst bestimmten Aufwachsens steht eine real immer nur relative Autonomie gegenüber, was sich am Besten nach Rosa Luxemburg mit dem Satz ‚Freiheit ist immer die Freiheit des Anderen' fassen lässt. Der Säugling wird in eine übergeordnete kulturelle Organisation geboren und ist allein schon aus überlebenspraktischen Gründen daran interessiert, sich in ihr zurecht zu finden.

Die Unabhängigkeit des potentiellen Erziehungsobjekts wird von Dornes als „Wunschphantasie des neurotischen, entfremdeten Subjekts" (1993, S. 157) verstanden[14]. Sie entsprach in den 70er Jahren utopischen Gesellschaftsvorstellungen der Antipädagogen im Sinne eines ‚Zurück zur Natur' und ist nach den heutigen hirnphysiologischen Erkenntnissen schlichtweg falsch. Vielmehr entwickeln sich Kinder „immer in einer Interaktion", so dass sich die Erklärung für bestimmte Begabungen finden lässt, wenn genau geguckt wird, was die Eltern „an inneren Wünschen und an Erwartungen ... mit sich [he]rum tragen" (Hüther 2006, Seminar). Auch nach Dornes ist es schwer zu sagen, „wo der Säugling anfängt, nicht mehr er selbst zu sein, weil er niemals nur er selbst war, sondern unvermeidlich und von Anfang an der Adressat elterlicher Absichten" (1993, S. 157), welche zudem zum großen Teil unbewusst sind (vgl. Gopnik et al. 2000, S. 42).

Das Bewusstmachen dieser Prozesse offenbart das Erziehungssystem als wichtigen Teil der kulturellen Fortpflanzung des Menschen. Der Zivilisationsgrad einer Gesellschaft ist ausschließlich das Ergebnis transgenerationaler Vermittlungsprozesse, denn genetisch ist der Mensch genau so beschaffen wie seit mindestens 100.000 Jahren (vgl. Hüther 2006, Seminar). So gelingt dem Menschen beispielweise ein friedlicheres Miteinander im Zusammenspiel mit einer über Jahrhunderte gewachsenen Impulskontrolle, wie ein Blick in die historische Entwicklung zeigt. Wird die Erziehung abgeschafft, so geschieht dies nach WINKLER „um den Preis der Barbarei" (1992, S. 3).

---

[14] Womit die antipädagogische Vorstellung mehr über deren Vertreter (und die erlittene Erziehung) als über tatsächliche anthropologische Gegebenheiten aussagt.

Es entstehen demnach zwei mögliche Wege: Der erste wäre ein Zurück in den von den Antipädagogen proklamierten ‚Urzustand', welcher allein durch das Erreichen des Großteils der Menschen der ‚Stufe des formalen Denkens' nach PIAGET (vgl. Stangl, 2008, @) als nicht gewollt erscheint, und den zu gehen es durch die, warnend gesprochen, hirnphysiologische Manipulierbarkeit des jungen Menschen mehr bedürfen würde, als der Abschaffung des Erziehungssystems[15]. Der zweite stellte eine fortschreitende kulturelle Evolution dar, für die es mir auf Grund des Grades an „artifizieller Komplexität" (Winkler, zit. nach Schoenebeck 1985, S. 46) in unserer Gesellschaft notwendig und sinnvoll erscheint, ein pädagogisches System als Garantieleistung des Transfers unseres „kulturellen Erbe[s]" (ebd., S. 45) bereit zu halten.

So sehr sich die Antipädagogen auf Grund ihrer radikalen Äußerungen auf theoretischer Ebene als Insel vor dem Festland der Erziehungswissenschaften verorten, so bestimmend sollten doch ihre Forderungen an den Umgang mit Kindern auch im Spiegel aktueller Forschungsergebnisse sein[16]. Nur sei mit WINKLER zum Einen darauf hingewiesen, dass ‚unterstützen' seit SCHLEIERMACHERS Vorlesung über die Erziehung von 1826 „als eine, wenn nicht die klassische pädagogische Handlungsform" (1992, S. 3) gilt und zum Anderen, dass das Streben nach einer „offenen Zukunft" für den Nachwuchs eine der „zentralen Bestimmungen des Erziehungshandelns" (ebd.) darstellt. Die antipädagogische Position hat demnach eine pädagogische Tradition.

„Fast Alles, wie wir denken, wie wir fühlen, wird von Anderen in uns hinein getan oder uns gezeigt" (Hüther 2006, Seminar). Innerhalb dieses weiten Interaktionsfeldes ist auch die Erziehung verortet, definiert durch ihre Verantwortung für das bewusste Handeln des Erwachsenen in transgenerationalen Prozessen. Ein kindgerechteres Aufwachsen erlangen wir nicht über deren Abschaffung, sondern vielmehr durch ein sich achtsam[17] reformierendes System. Die tatsächlich gefährliche Forderung der Antipädagogen ist die der Absage an die Verantwortung des Erwachsenen für das Kind. Auf die Radikalität von Braunmühl und seinen Mitstreitern

---

[15] Denn auf Grundlage der Erkenntnisse der Hirnforschung kann man tatsächlich ‚nicht nicht erziehen'.

[16] Für eine Auseinandersetzung mit den modernen Gedanken einer Eltern-Kind-Beziehung muss an anderer Stelle Platz gefunden werden.

[17] Wobei ‚Achtsamkeit' hier nach Hüther für den kreativen Modus des Gehirns steht, wohin gegen die reine ‚Aufmerksamkeit' (gegenüber dem Kind) lediglich für effizientes Handeln zu gebrauchen ist.

hin pointiert antwortend kann Hüther folgend zitiert werden: „Man kann Kinder nicht zu Engeln machen, wenn die Welt voller Teufel ist" (2006, Seminar). Dieser Anspruch ist nicht an das Kind gerichtet, sondern an den Erwachsenen – in seiner Rolle als Erzieher.

Quellenverzeichnis

Bücher

Braunmühl, E. v.: Antipädagogik. Studien zur Abschaffung der Erziehung. Weinheim, Basel 1975.

Braunmühl, E. v.: Antipädagogische Streitsätze oder: Erziehung als Ideologie. In: Klemm, U. (Hrsg.). Quellen und Dokumente zur Antipädagogik. Frankfurt/M. 1992, S.90-100.

Braunmühl, E. v.: Zeit für Kinder. Frankfurt/M. 1978.

Braunmühl, E.v.: Der heimliche Generationenvertrag. Jenseits von Pädagogik und Antipädagogik. Reinbek 1986.

Dornes, M.: Der kompetente Säugling. Frankfurt / Main 1993.

Dornes, M.: Die frühe Kindheit. Frankfurt / M. 1997.

Dornes, M.: Die Seele des Kindes. Frankfurt am Main 2006.

Gopnik, A.; Meltzoff, A. N. & Kuhl, P. K.: Forschergeist in Windeln: Wie Ihr Kind die Welt begreift. Kreuzlingen/München 2000.

Hinte, W.: Grundlagen des Konzepts einer non-direktiven Pädagogik. In: Klemm, U. (Hrsg.). Quellen und Dokumente zur Antipädagogik. Frankfurt/M. 1992, S.105-110.

Hinte, W.: Studie zur non-direktiven Pädagogik. Opladen 1980.

Kern, G.: Entwicklung einer Anti-Pädagogik. In: Klemm, U. (Hrsg.). Quellen und Dokumente zur Antipädagogik. Frankfurt/M. 1992, S.122-137.

Klemm, U.: Zwanzig Jahre Antipädagogik und Kinderrechtsbewegung – Genese und Bilanz. In: Ders. (Hrsg.). Quellen und Dokumente zur Antipädagogik. Frankfurt/M. 1992, S.9-39.

Kupffer, H.: Emanzipation erfordert radikales Umdenken. In: Klemm, U. (Hrsg.). Quellen und Dokumente zur Antipädagogik. Frankfurt/M. 1992, S.85-89.

Lidloff, J.: Der Begriff „Kontinuum". In: Klemm, U. (Hrsg.). Quellen und Dokumente zur Antipädagogik. Frankfurt/M. 1992, S.138-143.

Mallet, C.-H.: Untertan Kind – die Geschichte einer pädagogischen Verschwörung. In: Klemm, U. (Hrsg.). Quellen und Dokumente zur Antipädagogik. Frankfurt/M. 1992, S.71-83.

Miller, A.: Am Anfang war Erziehung. Frankfurt / M. 1980.

Miller, A.: Das Drama des begabten Kindes. Frankfurt/M. 1979.

Miller A.: Du sollst nicht merken. Frankfurt/M. 1981.

Miller, A.: Erzieher – nicht Kinder – brauchen die Pädagogik. In: Klemm, U. (Hrsg.). Quellen und Dokumente zur Antipädagogik. Frankfurt/M. 1992, S.101-104.

Rittelmeyer, Ch.: Frühe Erfahrungen des Kindes. Stuttgart 2005.

Ruder, G. : Der Wunsch vom Ende der Erziehung und der Mythos vom Paradies. Zum Rousseauismus in der Begründung radikaler Erziehungskritik. In: Z.f.Päd. 35 (1989), S.575-593.

Rutschky, K.: Schwarze Pädagogik. Quellen zur Naturgeschichte der bürgerlichen Erziehung. Berlin 1977.

Schoenebeck, H. von: Antipädagogik im Dialog. Weinheim, Basel 1985.

Schoenebeck, H. von: Antipädagogik: Rückblick und Ausblick. In: Klemm, U. (Hrsg.). Quellen und Dokumente zur Antipädagogik. Frankfurt/M. 1992, S.231-234.

Schoenebeck, H. von: Antipädagogikforschung. Mülheim 1983.

Schoenebeck, H. von: Unterstützen statt Erziehen. In: Klemm, U. (Hrsg.). Quellen und Dokumente zur Antipädagogik. Frankfurt/M. 1992, S.111-117.

Zeitschriften

Winkler, M.: Erfolgsgeschichte der Antipädagogik. In: Westermanns Pädagogische Beiträge 35 (1983), H.11, S.532-537.

Winkler, M.: Jetzt erst recht: Pädagogik! In: Unser Weg 1/1992, S. 1-8.

Internet

KinderInformationsdienst: „Antipädagogik" (Interview mit Ekkehard von Braunmühl). @ http://www.kidweb.de/ekkiint.htm Ausgabe 3 1996. Stand: 25.01.2008.

Klemm, U.: Thesen zur AG „Antipädagogik – oder die Kraft der Negation". @ http://www.anarchismus.de/libertaere-tage/lt1993/infomappe/klemm2.htm 1992. Stand: 08.02.2008.

Stangl, W.: Jean Piagets Entwicklungsstufen im Überblick. @
http://arbeitsblaetter.stangl-taller.at/KOGNITIVEENTWICKLUNG/
PiagetmodellStufen.shtml, Stand 08.02.2008.

Audiovisuelle Medien

<u>DVD</u>

Hüther, G.: Was Kinder brauchen – Neue Erkenntnisse aus der Hirnforschung
(Seminaraufzeichnung). Augsburg 2006.

Abbildungen

Abb. 1   „Säugling". @ http://gemeinden.erzbistum-
                koeln.de/export/sites/gemeinden/st_engelbert_solingen/_galerien/bilder
                /Spirituelles/saeugling.jpg, Stand: 08.02.2008.